Lo Inventaron los Latinoamericanos

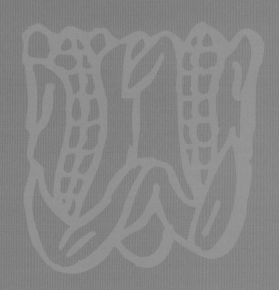

Lo Inventaron los Latinoamericanos

Innovaciones asombrosas

Eva Salinas

annick press
toronto + new york + vancouver

Mis sinceras gracias al lector experto Matthew Restall, Edwin Erle Sparks profesor de historia de América Latina de Pennsylvania State University, University Park, Pensilvania.

Mis sinceras gracias a Leyté González Navarro por haber reunido el material para la sección de Lecturas adicionales para esta edición en español.

Agradecemos la ayuda prestada por el Consejo de Artes de Canadá (Canada Council for the Arts), el Consejo de Artes de Ontario (Ontario Arts Council) y el Gobierno de Canadá (Government of Canada) a través del programa Canada Book Fund (CBF) para nuestras actividades editoriales.

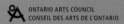

ONTARIO ARTS COUNCIL
CONSEIL DES ARTS DE L'ONTARIO

Cataloging in Publication

Salinas, Eva
    Lo inventaron los latinoamericanos : innovaciones asombrosas / Eva Salinas.

(Lo inventamos)
Includes index.
Issued also in English under title: Latin Americans thought of it.
ISBN 978-1-55451-379-6

    1. Inventions—Latin America—History—Juvenile literature.
2. Latin America—Intellectual life—Juvenile literature. 3. Latin America—Civilization—Juvenile literature.
I. Title. II. Series: We thought of it

T24.A1S2518 2012   j609.8   C2011-907328-5

Distribuido en Canadá por:
Firefly Books Ltd.
66 Leek Crescent
Richmond Hill, ON
L4B 1H1

Publicado en los Estados Unidos por: Annick Press (U.S.) Ltd.
Distribuido en los Estados Unidos por:
Firefly Books (U.S.) Inc.
P.O. Box 1338
Ellicott Station
Buffalo, NY 14205

Impreso en China.

Visítenos en: www.annickpress.com

**Para mi familia en Canadá—Joan, Jim y Luke. Gracias por tu amor y apoyo. Y para mi chileno, Christian.
—E.S.**

Contenido

Bienvenido, Bem-vindo

Mi viaje

¡Saludos amigos! Mi nombre es Eva y nací en Canadá. Mi papá es sudamericano y mi mamá es canadiense. Pasé muchos años imaginando el lugar de donde vino mi papá y su familia. Finalmente un día, decidí mudarme a ese lugar para conocer mis raíces.

Recuerdo mi primera visita a América Latina. Toda la noche el avión sobrevoló grandes extensiones de tierra y agua, jungla, desierto y enormes montañas que parecían alcanzar el cielo. Aterricé en Chile, donde nació y creció mi papá antes de irse a América del Norte—tal como muchos latinoamericanos lo han hecho, llevando su cultura y su historia con ellos.

Cuando vivía en Chile, descubrí que Santiago, la capital, está llena de vida. Como muchas grandes ciudades norteamericanas, tiene grandes edificios, bonitos parques y un metro. Experimenté la cultura chilena de muchas maneras—al comer mariscos en la orilla del mar con mi tío, al escuchar música folclórica andina y tambores mapuches, al juntarme con amigos y familiares para la cena tradicional, llamada *once,* y al bailar *cuenca* durante la fiesta de independencia chilena.

Eva en el pueblo pesquero de Lota, Chile.

Welcome.

Gracias a mi papá, nací con sangre chilena. Ahora, después de haber pasado tanto tiempo allí, es parte de mi espíritu.

¿Qué es América Latina?

América Latina es un término relativamente nuevo, de solo unos cuantos cientos de años de edad. Sin embargo, la historia de su gente es mucho más antigua.

La cordillera de los Andes, vista desde un avión.

Santiago, la concurrida capital de Chile

Ejemplos de fauna de América Latina

Cuando Cristóbal Colón navegó hasta las islas caribeñas y, en un viaje posterior, a Centroamérica, los europeos pensaron que habían descubierto un "mundo nuevo". En ese tiempo, no conocían las islas caribeñas ni el continente americano. Sin embargo, este mundo "nuevo" no era nada nuevo—había sido hogar de varias culturas durante miles de años.

América Latina no es un continente. Es una región grande de unas 20 naciones que se extiende desde América del Norte, Centroamérica, América del Sur y el Caribe. La gente usa los términos América Latina y latinoamericanos como una forma de reconocer las similitudes culturales entre la gente que vive en esos países. Una semejanza importante es que la mayoría de la gente de esos países habla español. Pero en Brasil, el país más grande de América del Sur, la gente habla portugués.

Hay algunos países al sur de los Estados Unidos que por lo general no son considerados como parte de América Latina (Belice, Surinam y Guayana). La gente de estos países tienen lazos más fuertes con culturas africanas o europeas (además de las de España y Portugal).

Muchos latinoamericanos no usan el término latino-americano para describirse a sí mismos. Prefieren imaginarse como ciudadanos orgullosos de sus propios países—por ejemplo, como mexicanos, cubanos o bolivianos.

Una ilustración de un libro azteca

Tu viaje

Este libro es una celebración de los logros e innovaciones de las culturas latinoamericanas. Desde las culturas antiguas del pasado hasta el presente, los latinoamericanos han creado innovaciones asombrosas: las pirámides mayas, nuevas formas de agricultura y coloridos bailes y música, por nombrar unas. Algunas de estas innovaciones son muy conocidas, mientras que otras podrían ser nuevas para ti. Hay muchas más que no puede incluir en este libro, pero es un buen lugar para empezar tu viaje de descubrimiento. Sin duda, ha sido un viaje fascinante para mí y espero que sea igual de agradable para ti.

Jóvenes panameños compiten en una carrera de motos.

La cantautora colombiana, Shakira

MAPAS DE AMÉRICA LATINA

México

Cuba

Haití*

República Dominicana

Belice*

Honduras

Puerto Rico†

Guatemala

El Salvador

Nicaragua

Costa Rica

Panamá

Venezuela

Guyana*

Surinam*

Guayana Francesa*

Colombia

Ecuador

Perú

Bolivia

Brasil

Paraguay

Chile

Argentina

Uruguay

*Por lo general, las culturas de estos países no son consideradas latinoamericanas.

† Puerto Rico es un territorio de los Estados Unidos, pero su cultura es latinoamericana.

Desierto de Sonora

Desierto de Chihuahua

Lago de Chapala

Lago de Nicaragua

Río Orinoco

Bosque de Amazonas   Río Amazonas

Cordillera de los Andes

Lago Titicaca

Desierto de Atacama

Río Paraná

Desierto de Patagonia*

* El desierto de Patagonia no es un desierto arenoso típico. Algunas zonas son rocosas y otras están cubiertas de arbustos y pasto.

ROPA

Algunos artículos de vestir de América Latina se han convertido en símbolos de orgullo nacional. Otros se han convertido en artículos de moda que ahora se ven en todo el mundo.

Los kuna de Panamá tejen telas coloridas para hacer blusas.

El sombrero

La palabra *sombrero* viene de la palabra *sombra*. Un sombrero protege a su portador del sol.

Cuando los españoles llevaron el sombrero a América Latina, los mexicanos hicieron su propia versión—un sombrero con un ala muy ancha y una carrillera. Algunos sombreros tienen bordados muy elaborados. Usados tradicionalmente por los rancheros, hoy el sombrero mexicano es famoso por el mundo entero.

Los mexicanos llevan sombreros a desfiles y festivales.

Sombrero panameño

Este sombrero de colores claros en realidad viene de Ecuador, donde lo llaman sombrero de paja toquilla. El ala del sombrero protegía las orejas y los cuellos de los trabajadores. Los españoles llevaron este estilo de sombrero a Europa, donde entró en moda en los años 1700 d.C. El sombrero panameño logró fama mundial en 1906 cuando fotografiaron al presidente estadounidense Theodore Roosevelt con uno durante una visita a Panamá. En ese tiempo, ese sombrero fue enviado desde Panamá y así obtuvo el nombre.

El ex presidente Harry Truman lleva un sombrero panameño en los años 1940.

Izquierda: alpaca;
Centro superior:
vicuña; Centro
inferior: llama;
Derecha: guanaco

Lana

El invierno en los Andes puede ser muy frío. La gente que vive ahí es afortunada que las montañas son hogar de cuatro animales—la alpaca, la vicuña, la llama y el guanaco—los cuales dan lana para hacer ropa de invierno. Estos animales son parientes de los camellos arábigos, pero tienen más lana y pueden sobrevivir en un hábitat muy alto y frío.

Las alpacas tienen lana fina y delgada y es la preferida para hacer la mayoría de la ropa. La lana de la vicuña es sedosa pero cálida y en la antigüedad era reservada para la nobleza inca. Hoy la vicuña es una especie protegida y es el animal nacional de Perú.

Un poncho
tradicional
peruano

Una mujer guatemalteca
lleva un huipil mientras
trabaja en una tejedora.

El poncho

Los Mapuche de Chile y Argentina viven en el extremo sur de los Andes en donde el clima es frío y lluvioso. Hace cientos de años, los Mapuche crearon una prenda única para mantenerse calientes—hicieron un hueco en una colcha de lana (para poder pasar la cabeza por él) y la llevaban sobre sus hombros. Esta prenda, llamada poncho, permitía el movimiento libre de los brazos.

Hoy, los ponchos se usan en toda América Latina y alrededor del mundo. También hay ponchos modernos hechos de plástico que sirven como impermeables.

El huipil

El huipil es una blusa tradicional que llevan las mujeres de Centroamérica, principalmente de Guatemala, Belice y El Salvador. La tela se teje en un telar portátil.

Tradicionalmente, el diseño colorido de la blusa decía algo sobre la mujer que lo llevaba—por lo general sobre la comunidad de donde venía. Algunos de los diseños tienen raíces en diseños mayas de más de 1,000 años de antigüedad. Hoy en día, las mujeres de Centro-américa tejen el huipil con mucho orgullo.

TRABAJAR LA TIERRA

Desde tiempos de antigüedad hasta hoy en día, los latinoamericanos han usado sus tierras de maneras muy creativas para hacer más grandes y fuertes sus comunidades.

La irrigación

La irrigación (el proceso de regar las tierras) tiene miles de años de uso en América Latina, desde México hasta América del Sur. El sistema antiguo de irrigación más grande fue construido en Perú, donde la gente vivía en las montañas.

La mayoría de la lluvia cae cerca de los picos de las montañas, dejando secos los valles y las áreas bajas. Para resolver este problema, los incas construyeron largos canales de piedra que llevaban agua a los valles, aldeas y tierras de cultivo. Este sistema de irrigación facilitó la agricultura y así se pudo alimentar a un número mayor de personas. Además, con la irrigación los agricultores no tenían que esperar que lloviera, así que los cultivos crecían más rápido y podían cosecharlos antes de la llegada de la primera helada.

Muchos canales se construyeron al lado de caminos, estos canales eran fuentes de agua potable para los viajeros y sus llamas. Algunos canales de irrigación construidos en los años 1500 existen todavía y están en restauración para poder usarlos de nuevo.

Un canal construido por los incas

Las chinampas

Las chinampas eran islas hechas por personas en tiras largas sobre un lago o una zona pantanosa. Para hacer cada isla, la gente construía muros con cañas o postes de madera. El espacio dentro de los muros se llenaba con capas de plantas muertas y lodo, y los cultivos se sembraban encima del relleno. Este método de agricultura se usaba en México, Centroamérica y Bolivia.

Las primeras chinampas conocidas fueron creadas hace unos 700 años, o quizás antes. Las chinampas en México son famosas porque gracias a ellas fue posible alimentar a la gente de Tenochtitlán (hoy la Ciudad de México). Hoy, existen chinampas en la zona de Xochimilco en la Ciudad de México, donde se usan principalmente para cultivar flores.

Los aztecas construyen una chinampa.

Agricultura en las montañas

Para la gente que vivía en la región andina de América del Sur, la agricultura era un reto. Los lados de las montañas recibían más luz solar que los valles, pero era difícil cultivar en tierras empinadas.

Los agricultores resolvieron este problema al crear campos que parecían escalones que subían las montañas. Estos escalones (llamados "terrazas" o "andenes") se hacían con piedra, tierra y fertilizante. En las terrazas, había tierra plana de cultivo y ésta absorbía más fácilmente el agua. Con terrazas también prevenían la erosión.

Diferentes cultivos crecían muy bien en diferentes partes de la montaña. Las familias intercambiaban cultivos, así tenían una dieta más variada.

Las terrazas usadas para la agricultura en Machu Picchu (ver la página 16)

Impuesto de mano de obra

Hoy en día, los ciudadanos de muchos países pagan impuestos a sus gobiernos a cambio de servicios como escuelas e infraestructura. Los incas de Perú emplearon un sistema parecido para construir su imperio, pero en vez de pagar al gobierno con dinero, sus ciudadanos pagaban con mano de obra. Este sistema se llamaba *mit'a*. El jefe de cada familia trabajaba para el gobierno durante un tiempo cada año. Algunas personas trabajaban las minas de plata, de oro u otros minerales útiles, mientras otras trabajaban en la construcción de caminos o prestaban su servicio al ejército.

Mineros bolivianos modernos. Fondo: Estas minas de sal en Perú fueron usadas en un principio por los incas.

LA ARQUITECTURA

En algunas culturas latinoamericanas, constructores expertos usaron técnicas innovadoras para crear asombrosas estructuras—algunas de ellas sobreviven hasta la fecha.

Un acueducto tallado en piedra de Machu Picchu

Machu Picchu

Machu Picchu es una pequeña ciudad inca, construida alrededor de 1450 d.C. en los Andes de Perú. La ubicación de la ciudad sugiere que su existencia era un secreto ya que no es visible desde los valles y los españoles nunca la encontraron cuando llegaron en los años 1500.

Cuando un profesor norteamericano encontró la ciudad en 1911, la gente se preguntó sobre el propósito de esta "ciudad secreta". Hoy, algunos expertos creen que fue un lugar tranquilo donde la nobleza inca podía escaparse del ruido de la ciudad, era también hogar de una comunidad religiosa.

Machu Picchu nos muestra algunos de los logros asombrosos de los incas en técnicas de construcción e ingeniería. La ciudad contaba con casi 200 edificios de piedra; acueductos que canalizaba la lluvia para tomar, bañarse y regar cultivos y proveían a más de una docena de fuentes de agua. Otro dato interesante sobre Machu Picchu es que los incas no conocían la rueda, así que no usaban carretas con ruedas para transportar materiales de construcción. A pesar de eso, lograron construir una ciudad asombrosa en la cima de una montaña.

La vista de Machu Picchu como es hoy en día.

Una pared de piedra construida por los incas

Construcción contra terremotos

Los terremotos son comunes en la costa del océano Pacífico de América Latina. A través de los años, algunas comunidades construyeron edificios de una manera que prevenían o minimizaban el daño durante un terremoto. El trabajo en piedra de los incas es uno de los mejores ejemplos.

Los incas tallaban bloques de granito en formas irregulares e intercalaban los bloques como piezas de un rompecabezas. Las paredes se construían con una inclinación hacía el centro y las equinas eran redondeadas. Estas técnicas ayudaron a las estructuras de piedra, inclusive algunas de Machu Picchu, a durar cientos de años y sobrevivir muchos terremotos.

Hoy, algunos países—Chile incluido—tienen reglas estrictas de construcción para que las estructuras sean resistentes a los terremotos.

Una pirámide maya en Guatemala

Pirámides mayas

Hace más de 2,000 años, los mayas construyeron ciudades grandes en las selvas de México, Guatemala y algunas partes de Belice, Honduras y El Salvador. A menudo, estas ciudades contenían pirámides de piedras de cal, construidas para honrar a los dioses. Hoy estas pirámides son consideradas maravillas de la arquitectura.

Las pirámides mayas son únicas, con características que las distinguen de las pirámides egipcias. Las pirámides egipcias tenían lados lisos y una punta en la cima. Los lados de las pirámides mayas se construían como escalones grandes. En la cima hay un templo con techo plano. Por lo general, había dos o cuatro escaleras que conducían al templo. Aparte de su propósito religioso, las pirámides mayas servían para orientar a los viajeros porque eran visibles por encima de la selva.

LA COMUNICACIÓN

Algunas sociedades antiguas de América Latina desarrollaron maneras únicas de grabar y comunicar información, incluyendo jeroglíficos y calendarios complejos.

Jeroglíficos mayas

Jeroglíficos mayas

Los mayas desarrollaron un sistema de escritura que utilizaba dibujos y símbolos llamados jeroglíficos. (Los egipcios también escribían con jeroglíficos, pero usaban dibujos y símbolos diferentes para escribir en su propio idioma.) Los mayas usaban jeroglíficos para guardar registro de la historia de su cultura, incluyendo historias sobre acontecimientos importantes, sus reyes y sus creencias religiosas.

Los mayas escribieron sus primeros jeroglíficos alrededor del año 400 a.C. Cuando los españoles llegaron a Centroamérica en los años 1500 d.C., ordenaron la destrucción de cientos de libros mayas. Algunos libros sobrevivieron, además de escritura sobre cerámica, paredes y monumentos de piedra.

Durante muchos años, expertos trataron de descifrar los jeroglíficos mayas con poco éxito. Un investigador americano llamado David Stuart hizo descubrimientos importantes del idioma en la década de los 80. Estos descubrimientos permitieron a los expertos entender mejor la escritura maya y aprender más sobre su historia.

Hoy, algunas comunidades de Centroamérica están descifrando por primera vez los jeroglíficos para así poder identificarse con su cultura y la historia de sus antepasados.

Calendarios

Muchas culturas antiguas de México y Centroamérica crearon calendarios para poder contar el tiempo y recordar fechas. Los primeros calendarios de esta región podrían datar del año 500 a.C.

Como el calendario que usamos hoy en día, muchos calendarios de los latinoamericanos antiguos estaban basados en el sistema solar. (En nuestro calendario moderno, un año es el tiempo que toma la tierra en completar una órbita alrededor del sol.) Como los mayas estaban muy interesados en estudiar las estrellas y los planetas, no es una sorpresa que el calendario maya—desarrollado hace más de 2,000 años—sea uno de los calendarios más precisos de tiempos antiguos.

Los aztecas también tenían un calendario muy similar al de los mayas.

La "Piedra del Sol" muestra cómo los aztecas medían el tiempo.

El quipu

En la antigüedad, las personas que vivían en los Andes de América del Sur no tenían un sistema de escritura, pero desarrollaron el quipu para poder guardar información.

El quipu tenía desde unos cuantos hasta más de mil cordones de algodón o de lana, los cuales se teñían de colores diferentes y se ataban a un cordón principal. Para guardar información, la gente hacía nudos en los cordones. Al usar diferentes estilos y combinaciones de nudos, como también colores diferentes, se podía almacenar una gran variedad de mensajes.

Los incas adoptaron el quipu de sus antepasados y lo usaron para registrar información, tal como poblaciones de comunidades, alimentos en almacenes, rebaños de animales y grupos militares.

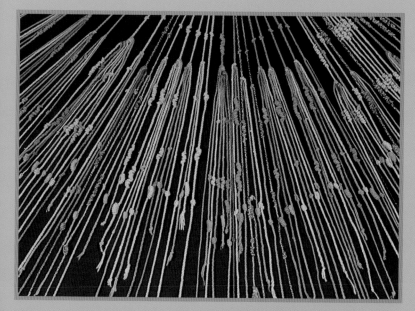

Los colores de este quipu han perdido su brillo original.

Los chasquis corrían por los caminos incas, los cuales se extendían desde Ecuador hasta Chile y Argentina.

Un chasqui lleva un quipu y toca una trompeta de concha para anunciar su llegada.

Mensajeros incas

Cuando los incas querían mandar un mensaje o un regalo para la nobleza a larga distancia, usaban mensajeros llamados chasqui. Un chasqui podía correr muy rápido. El chasqui transportaba el mensaje o bienes por los caminos incas hasta llegar a una cabaña llamada tambo, donde esperaban otros chasquis. Luego, otro chasqui llevaría el mensaje o bienes hasta el siguiente tambo. Este sistema era similar a las carreras de relevos modernas y permitía que los mensajes importantes viajaran rápidamente—alrededor de 240 kilómetros (150 millas) por día.

ARTESANÍAS

Desde los murales hasta los cascarones pintados, las artesanías de América Latina son famosas por sus colores brillantes y diseños distintivos.

Un mural de Bonampak, México

Murales mayas

Un mural es una obra de arte pintada sobre una pared. Artistas mayas pintaban murales grandes dentro de edificios y cuevas. Muchos de estos murales cuentan la historia maya al mostrar reyes y acontecimientos importantes como las batallas. Algunos de los murales han existido por más de 2,000 años.

Los artistas mayas usaban minerales y vegetales para crear pinturas en una variedad de colores. Desafortunadamente, la mayoría de sus murales no han sobrevivido porque los colores desaparecieron a través de cientos de años debido al clima caliente y húmedo de la selva.

Algunos de los murales mayas más famosos se pueden ver en Bonampak, México. Allí, hay un edificio largo que tiene tres cuartos cubiertos de murales que muestran cosas como ceremonias con bailarines, músicos tocando sus instrumentos y prisioneros de guerra.

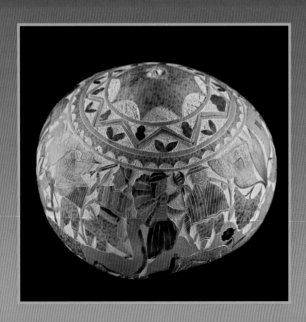

Una calabaza tallada por un artista del pueblo quechua de Perú

El tallado en calabaza

Varias regiones de América Latina han sido hogar de expertos talladores de calabazas durante cientos— o hasta miles—de años.

En Perú, los artistas usan una herramienta afilada para tallar escenas de la vida diaria en la calabaza. En algunas aldeas, la calabaza se quema ligeramente y el diseño se talla en el área quemada. En otras aldeas, la calabaza se tiñe con colores y luego se talla. Algunos talladores antiguos hicieron impresiones de objetos, como conchas, en la calabaza para completar el diseño. Las calabazas se usaban a menudo como platos.

Algunos artistas guatemaltecos usan una técnica especial para preparar las calabazas para el tallado. Primero, la calabaza se seca y se pule. Luego, se aplica una laca para darle un acabado brilloso. Después, se tiñe con una mezcla de ceniza de árboles y grasa. Finalmente, la calabaza está lista para ser tallada.

Una escena de un mural de Diego Rivera que celebra la historia de México.

Murales modernos mexicanos

En la década de los 20, los artistas de México empezaron a crear murales públicos. Estos murales se pintaron sobre las paredes de edificios como escuelas y oficinas de gobierno. Los artistas que crearon los murales creían que el arte debe ser gratis para que todo mundo pudiera disfrutarlo. También creían que el arte podía comunicar una historia o un mensaje importante.

Muchos murales públicos celebran la cultura mexicana, en especial su lazo con los aztecas. Otros murales muestran las vidas de personas comunes y sus luchas. El muralista mexicano más famoso es Diego Rivera. Su arte, como los murales de otros pintores mexicanos, ha inspirado a artistas de todo el mundo.

La metalurgia

Un bello ejemplo del trabajo de los incas en oro

En la antigüedad, los incas y otras culturas de la región andina crearon bonitos objetos de metal.

Frecuentemente, los incas trabajaban con oro y plata porque para ellos el oro representaba el Sol y la plata la Luna. Para obtener estos metales de trozos de roca, a veces los mineros incas crearon hornos especiales de arcilla con hoyos. El aire pasaba por los hoyos, dando el oxígeno para crear el suficiente calor para derretir el metal dentro de las rocas. Los incas usaron el metal para crear una variedad de objetos, incluyendo platos de oro, figurillas hechas de oro y plata de gente y animales y copas de plata para la nobleza inca.

Muy pocos objetos incas de oro y plata existen hoy. Muchos fueron saqueados por los exploradores españoles y derretidos para hacer barras y monedas de oro para facilitar su transporte a España.

ARTESANÍAS *continuación*

Una antigua máscara del dios del Sol hecha de oro de Ecuador

Máscaras

Algunas de las máscaras más fascinantes del mundo fueron hechas por culturas antiguas de América Latina. Hace miles de años, los olmecas hicieron máscaras de una piedra verde llamada jade. Otras culturas antiguas hacían máscaras de oro, que a veces representaban el dios del Sol. Las máscaras más recientes de Ecuador tienen colores brillantes y caras de animales como monos, perros o puercos.

Muchas culturas de América Latina todavía hacen máscaras bonitas e inusuales, comúnmente para festivales como el carnaval (ver la página 31).

Una máscara de carnaval puertorriqueña

Cascarones

Huevos decorados con colores vivos son conocidos por las personas que celebran la Pascua. En México hay un tipo de huevo especial llamado cascarón que la gente hace para celebrar la Pascua, cumpleaños y otras fechas especiales durante todo el año.

Primero, se hace un hoyo en el cascarón del huevo para sacar su contenido. Luego, el cascarón se llena con confeti y se pinta de uno o más colores brillantes. Lo mejor se guarda para el final, cuando el cascarón se rompe sobre la cabeza de alguien y sale el confeti. Algunas personas creen que un cascarón roto sobre su cabeza les trae buena suerte.

Los primeros cascarones tal vez se hicieron en China, donde se les llenaba con polvo perfumado. Fueron los mexicanos quienes tuvieron la idea de llenarlos con confeti. Esta divertida tradición se ha hecho popular en otros países, en especial en algunas partes de los Estados Unidos.

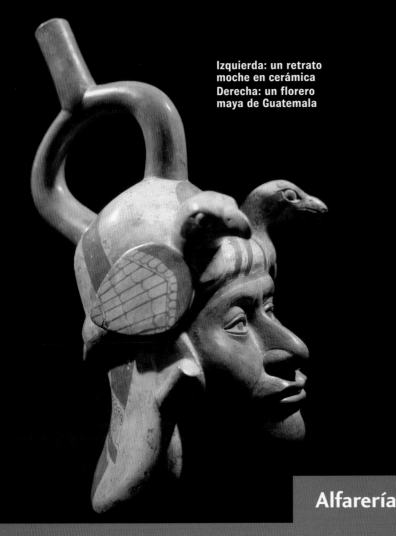

Izquierda: un retrato moche en cerámica
Derecha: un florero maya de Guatemala

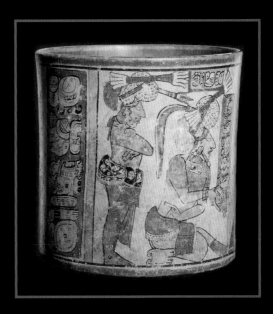

Alfarería

Durante miles de años, artistas latinoamericanos desde México, Honduras y hasta Ecuador han creado cerámica de arcilla con diseños únicos e interesantes. La cerámica más antigua se ha encontrado en Brasil y podría tener hasta 7,000 años de existencia.

Alrededor de hace 1,500 años, los mayas creaban una variedad de objetos de arcilla, incluyendo vasos, floreros y quemadores de incienso. A menudo, decoraban su alfarería con escenas de su historia, como lo hicieron con sus murales. Alrededor del mismo tiempo, los moche del norte de Perú usaron arcilla para fabricar vasos y otros artículos útiles en forma de retratos en tres dimensiones de personas verdaderas.

Después, los incas de Perú crearon platos y jarras que se cocinaban a altas temperaturas y luego los pulían con mucho cuidado. Los diseños de esta alfarería incluyen líneas, triángulos y cuadrados.

Hoy en día, muchos países latinoamericanos producen cerámica que es admirada en todo el mundo.

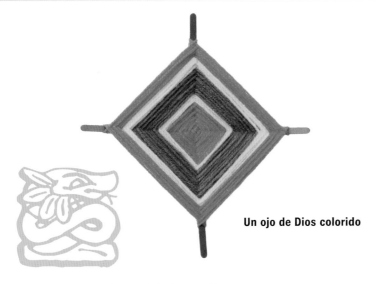

Un ojo de Dios colorido

Ojo de Dios

Un ojo de Dios se hace al tejer hilo colorido entre dos palitos cruzados para hacer una figura en forma de diamante. Esta artesanía, desarrollada por los huicholes de México, tenía un propósito religioso en un principio—representaba el ojo de Dios que cuidaba a la gente.

En México, hay una tradición en donde un padre hace un ojo de Dios para cada uno de sus hijos. La parte del centro se hace cuando nace el niño. Cada año se agrega otra sección hasta que el niño tenga cinco años.

INVENTOS COTIDIANOS

Muchos tipos de plantas crecen en toda América Latina. La gente usaba estas plantas para hacer una variedad de cosas—algunas de estas eran útiles en la vida cotidiana y otras eran para diversión.

Goma de mascar (chicle)

La goma de mascar se hizo cuando alguien hirvió chicle, la savia de un árbol llamado sapodilla. Este árbol crece en varios lugares de América Latina, en especial las regiones tropicales de Centroamérica.

Los mayas han masticado el chicle durante cientos de años—y quizás más—para aliviar el hambre y la sed. Los aztecas en México también lo masticaban, a veces para curar el mal aliento, pero masticarlo en público era considerado de mala educación.

A mediados del siglo diecinueve, el general mexicano Antonio López de Santa Anna llevó el chicle a los Estados Unidos. Hoy en día, la mayoría de la goma de mascar ya no se hace de chicle, así que quedan muy pocos chicleros (los agricultores que cosechan la savia) en Centroamérica.

Un chiclero mexicano cosecha el chicle.

La hamaca

Muchos expertos creen que la hamaca se usó por primera vez en las islas caribeñas y Centroamérica hace unos 1,000 años. Las primeras hamacas se hicieron de la corteza de árboles, pero materiales como hojas de plantas, palmeras y algodón se usaron después. Una hamaca es un buen lugar para dormir porque cuelga sobre el piso, así que protege contra los insectos y animales como las serpientes.

Cuando llegaron los primeros exploradores españoles a las islas del Caribe a finales del siglo quince, encontraron que los taínos, nativos de las islas, dormían en hamacas. Estos exploradores decidieron usarlas para dormir mientras navegaban el mar, y llevaron este invento a Europa cuando regresaron a casa. Hoy, las hamacas son conocidas alrededor del mundo.

Una hamaca moderna

El tabaco

La planta de tabaco ha crecido a través de toda América Latina tal vez durante miles de años. Cuando Cristóbal Colón y su tripulación llegaron a Cuba en 1492 d.C., vieron a personas fumando hojas de tabaco secas y enrolladas—algo similar a lo que hoy en día llamamos puro. Los hombres de Colón adoptaron el vicio y lo llevaron por todo el mundo. En los años 1600, la gente empezó a darse cuenta que fumar tabaco era malo para la salud y muy adictivo.

Un hombre cubano hace puros a mano.

Muñecas quitapenas

En Guatemala, hay una leyenda que los padres cuentan a sus hijos para que se duerman: si los niños cuentan sus penas a unas muñecas pequeñas hechas de sobras de tela, y si las meten debajo de sus almohadas, por la mañana sus penas desaparecerán. Hoy en día, estas muñecas "quitapenas" siguen siendo populares entre los niños y muchos turistas las compran como recuerdos.

El látex corre de un árbol de hule en Brasil.

El hule

Hace alrededor de 3,500 años, los olmecas de Centroamérica descubrieron cómo hacer el hule. Cosecharon la savia (llamada látex) del árbol de hule, la mezclaron con el jugo de una liana que crecía en la región y después calentaron la mezcla. (Olmeca significa "gente de la tierra de hule" en el idioma de los aztecas.)

Los olmecas usaron el hule para hacer cosas como huaraches con suelas de hule, ligas de elástico y pelotas de hule. Las pelotas se usaron en un juego ceremonial en una cancha rodeada de paredes de piedra. Algunas personas creen que juegos modernos como el fútbol tienen raíces en este juego antiguo de los olmecas.

Una suela de zapato moderna hecha de hule

ALIMENTOS Y BEBIDAS

¿Sabías que algunos de los alimentos más populares del mundo vienen de América Latina? Alimentos ricos y nutritivos de culturas latinoamericanas ahora adornan las mesas de todo el mundo.

El curanto

Arriba: La desenvoltura del curanto
Derecha: El curanto listo para comer

El curanto es un plato tradicional de la isla de Chiloé en el sur de Chile. Por lo general, los ingredientes son mariscos, carnes, papas y verduras, que son preparados de una manera especial. Se calientan piedras en una fogata hasta que estén extremadamente calientes. Luego, se ponen en un hoyo en la tierra y la comida se coloca encima de ellas. Después, todo se cubre con de hojas para atrapar el calor. Una vez cocida, se desenvuelve la comida y empieza el banquete.

En el idioma de los mapuche, *curanto* quiere decir "piedras calientes". El curanto todavía es muy popular en el sur de Chile y es comúnmente preparado para reuniones grandes y celebraciones.

Comida deshidratada por congelación

Hace más de 600 años—siglos antes de que los astronautas llevaran alimentos deshidratados al espacio—la gente que vivía en las praderas de los Andes deshidrataba sus alimentos por congelación para conservarlos. Primero, se dejaban los alimentos afuera en la noche para que se congelaran. Durante el día, los alimentos se secaban con el sol. Luego, la gente pisaba los alimentos para sacar la humedad que quedaba. El proceso tomaba varios días y los alimentos duraban mucho más tiempo sin echarse a perder.

En los Andes, por lo general la gente usaba este proceso para las papas, pero también deshidrataban la carne por congelación. Debido a su peso ligero y su valor nutritivo, los alimentos deshidratados por congelación eran ideales para los soldados y viajeros para llevar consigo en viajes largos.

Alimentos modernos deshidratados por congelación preparados para los astronautas

El chocolate

El chocolate se hace de las semillas del cacao, el cual crecía en un principio en las áreas tropicales de América del Sur y Centroamérica. Alrededor del año 1500 a.C., los olmecas del sur de México fueron de los primeros en usar el cacao como alimento. Los mayas y luego los aztecas también usaron el cacao molido en una mezcla con agua para hacer una bebida de chocolate. Esta bebida era amarga, no dulce y era un lujo que solo los más ricos podían tener. Las semillas de cacao eran tan cotizadas que eran usadas como dinero.

En los años 1500 d.C., los españoles llevaron las semillas de cacao a España. Los españoles agregaron vainilla y azúcar para hacer una versión más dulce de la bebida azteca. Para los años 1600, el chocolate se usaba en pasteles y postres. La primera barra de chocolate se hizo en Inglaterra en los años 1800.

Ahora los árboles de cacao crecen en muchos lugares del mundo y Brasil es uno de los productores más grandes de cacao.

Las vainas de cacao en un árbol de cacao

Las semillas de cacao se encuentran dentro de la vaina.

El champurrado es una bebida de chocolate muy conocida en México.

ALIMENTOS Y BEBIDAS *continuación*

El chile

Los chiles crecían primero en América Latina, donde los agricultores los han cultivado durante miles de años. Ahora son conocidos por todo el mundo y son ingredientes importantes en varios platos tradicionales latino-americanos. Hay varios tipos de chiles, algunos son picantes y otros son dulces. A continuación aparecen solo algunos:

Variedad	Color	Procedente de	¿Picante o Dulce?
Morrón	Muchos colores, como rojo, verde y amarillo	Centroamérica y América del Sur	Dulce
Jalapeño	Verde	México	Picante
Ají	Amarillo y anaranjado	Perú y Bolivia	Muy picante
Tabasco	Rojo	México	Extremadamente picante

El mate

Hace cientos de años, los guaraní de Paraguay fueron los primeros en preparar el mate, una bebida caliente hecha de las hojas de la planta yerba mate. Esta bebida se hizo muy popular a través de la región, inclusive con los colonos europeos. Como el té y el café, el mate contiene cafeína, la cual da energía. Mucha gente también cree que el mate facilita la digestión.

El mate es popular en varios lugares alrededor del mundo y sigue siendo una bebida preferida en Argentina, Uruguay y Paraguay, y en algunas partes de Brasil, Chile y Bolivia.

Como es tradición, el mate se sirve en un recipiente hecho de calabaza y un popote de metal.

Los tomates

Los tomates son originarios de la región andina de América del Sur. Con el tiempo, la gente empezó a cultivarlos en Centroamérica y México, donde los españoles los vieron por primera vez hace alrededor de 500 años. *Tomate* o jitomate (como es conocido en México) viene de la palabra azteca *tomatl*.

Los tomates son un ingrediente importante en recetas de culturas de todo el mundo. Muchos norteamericanos disfrutan los tomates en salsa que es una comida tradicional de América Latina que general-mente es picante.

Dulce de leche

Es difícil saber en qué parte de América Latina fue inventado este postre dulce porque es muy popular en varios países. El dulce de leche se hace al calentar leche lentamente hasta que tenga una consistencia espesa y un color café claro.

En los países latinoamericanos, el dulce de leche se usa tradicionalmente en pasteles y galletas. En Cuba y la República Dominicana, se le agrega limón y vainilla o canela, y se sirve como budín o natilla.

Muchas personas de América del Norte han descubierto este postre dulce recientemente, el cual ahora le da sabor a las galletas, los helados y hasta el café.

Una mujer prepara tortillas de maíz.

El maíz

Hubo un tiempo en que América Latina era el único lugar en donde había maíz. Algunos expertos dicen que los agricultores empezaron a cultivar el maíz en México hace 5,000 años.

Cuando llegaron los españoles a América Latina, el maíz ya era un alimento importante. Ellos llevaron el maíz a España y poco después agricultores de toda Europa lo estaban cultivando. Con el tiempo, el maíz llegó a ser un cultivo importante en todo el mundo. El maíz alimenta a los animales de granja y a los humanos y crece muy bien en muchos lugares.

Los granos de maíz se muelen para hacer una harina, la cual se usa para hacer varios platillos latinoamericanos populares, como las tortillas, tamales y totopos de maíz.

Las papas, los cacahuates (o maní) y la vainilla (usado para hacer extracto de vainilla) fueron cultivados por primera vez en América Latina. Las papas moradas vienen de Perú.

LAS CELEBRACIONES

A los latinoamericanos les encanta celebrar varios aspectos de la vida junto con sus familiares y amigos. A continuación leerás sobre las celebraciones más conocidas de América Latina.

Una niña intenta romper una piñata tradicional.

La piñata

Una piñata es un adorno muy colorido hecho de papel, cartón o barro y rellenado con dulces o juguetes sencillos. La piñata se cuelga de una cuerda y una persona con los ojos vendados trata de romperla para sacar los tesoros de adentro. En América Latina, la piñata es una parte importante de las celebraciones navideñas y de cumpleaños.

Algunos expertos creen que la idea para la piñata tiene origen en una tradición de año nuevo en China—donde la gente rompía recipientes con forma de animales hechos de barro y llenos de semillas para tener buena suerte durante el año. Cuando los europeos llegaron a México, vieron que los aztecas tenían su propia versión de esa tradición. Colocaban un recipiente de barro, decorado y lleno de dulces, sobre un poste y luego lo rompían con un palo como ofrenda religiosa. Los mayas tenían un rito similar, pero vendaban sus ojos cuando trataban de romper el recipiente, el cual generalmente colgaba de una cuerda.

El día de muertos

El día de muertos es una combinación de la tradición católica del día de todos los Santos y una tradición que empezó hace miles de años en América Latina. Desde México hasta Brasil, el día primero y segundo de noviembre la gente celebra las vidas de las personas que fallecieron durante el año. La celebración incluye una visita al panteón para poner velas, calaveras de azúcar y flores (las margaritas en especial) sobre las tumbas de los seres queridos. Algunas personas también se pintan una calavera en la cara. Otras preparan una comida rica y dejan algunos de los alimentos sobre las tumbas.

Comida y calaveras de azúcar forman parte de la celebración del día de muertos.

Las fiestas de carnaval atraen a mucha gente.

Carnaval

Para muchos, la palabra *carnaval* describe una celebración muy divertida. Pero en muchos lugares alrededor del mundo, el carnaval es una fiesta que precede la fiesta cristiana de la Cuaresma. Cada país latinoamericano celebra el carnaval a su manera. En Brasil, y en especial en Río de Janeiro, el carnaval es famoso por sus desfiles de carrozas enormes y adornadas y bailarinas vestidas con coloridos disfraces.

La quinceañera

En varios países latinoamericanos—principal-mente en México, Cuba y Puerto Rico—cuando una niña cumple quince años es muy especial porque marca la transición de niña a mujer joven. Este cumpleaños importante es conocido como una quinceañera o fiesta de quince años. Algunas familias celebran ese día con una misa y otras lo celebran con una fiesta grande con mucha comida.

El día de la raza

En América del Norte, el día 12 de octubre (o lunes más cercano a esa fecha) es conocido como "El día de Colón", el cual marca la fecha en que llegó Cristóbal Colón al continente americano en 1492. Sin embargo, en toda América Latina, desde México hasta Chile, este día es conocido como el día de la raza, el cual es una celebración de la herencia cultural latinoamericana.

Por lo general, las niñas se ponen un vestido elegante para su quinceañera.

MÚSICA Y BAILE

Varios estilos de música y baile se crearon en América Latina y ahora se disfrutan en todo el mundo. Los latinoamericanos también desarrollaron varios instrumentos musicales únicos.

El tango

El tango es uno de los bailes más famosos de América Latina. En las zonas pobres de Buenos Aires (la capital de Argentina), la gente bailó el tango por primera vez en los años 1800. Muy pronto, gente del país vecino de Uruguay también bailaba el tango. Cuando bailarines latinoamericanos de tango empezaron a bailarlo en Europa en los años 1900, mucha gente se enamoró de ese baile dramático. Poco después llegó a los Estados Unidos.

Tango también es el nombre de la música para este baile. Por lo general, la música es interpretada por una orquesta de seis partes que contiene dos violines, un piano, un doble bajo y dos bandoneones. (Un bandoneón es similar a un acordeón pequeño.)

Hoy en día, muchos países han creado su propio estilo de tango. Todos los años, Buenos Aires es sede del campeonato mundial del tango, el cual atrae bailarines del mundo entero.

El tango es un baile elegante.

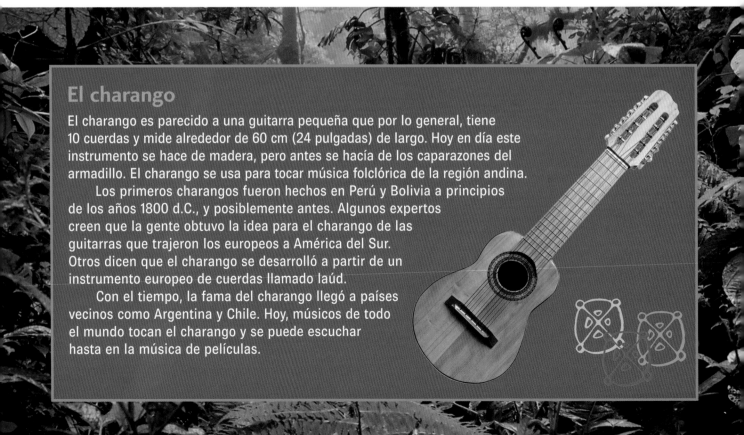

El charango

El charango es parecido a una guitarra pequeña que por lo general, tiene 10 cuerdas y mide alrededor de 60 cm (24 pulgadas) de largo. Hoy en día este instrumento se hace de madera, pero antes se hacía de los caparazones del armadillo. El charango se usa para tocar música folclórica de la región andina.

Los primeros charangos fueron hechos en Perú y Bolivia a principios de los años 1800 d.C., y posiblemente antes. Algunos expertos creen que la gente obtuvo la idea para el charango de las guitarras que trajeron los europeos a América del Sur. Otros dicen que el charango se desarrolló a partir de un instrumento europeo de cuerdas llamado laúd.

Con el tiempo, la fama del charango llegó a países vecinos como Argentina y Chile. Hoy, músicos de todo el mundo tocan el charango y se puede escuchar hasta en la música de películas.

La ocarina

Los mayas de México y Centroamérica tocaban un instrumento hecho de barro similar a una flauta, llamada ocarina. Ese instrumento tiene varios huecos para los dedos, los cuales pueden ser tapados para producir diferentes tonos. También hay un hueco por el cual sopla el músico para crear sonido. Los mayas, y luego los aztecas, hicieron ocarinas en forma de aves o animales. Algunas evidencias también sugieren que otras culturas latinoamericanas hacían un instrumento parecido a la ocarina, algunos datan del año 2,000 a.C.

Las ocarinas modernas se hacen de barro, metal, madera o plástico. También existe un paquete computacional que funciona con computadora y teléfonos celulares, en donde el usuario sopla el micrófono y tapa huecos que parecen en la pantalla para reproducir los sonidos que hace la ocarina.

Un hombre peruano toca la zampoña.

Una ocarina tradicional hecha de barro

La zampoña

Varias culturas de todo el mundo usan un antiguo instrumento de viento llamado flauta de Pan. Este instrumento está hecho de un juego de tubos cortados en diferentes medidas y se toca al soplar sobre los tubos. Hace cientos de años, los sudamericanos desarrollaron su propia versión, llamada zampoña. Este instrumento se hace de plantas como el bambú.

La zampoña (también llamada siku o antara), se toca en las regiones andinas de Perú, Ecuador, Colombia, Bolivia, Chile y Argentina.

Las maracas

Las maracas se hacen de calabazas o cocos secos rellenos de semillas o frijoles, y se le fija una manga. Casi siempre se tocan en pares. Las maracas han sido populares tradicionalmente en muchos países latinoamericanos como Cuba, Colombia y Puerto Rico.

Hoy en día, las maracas se usan en una gran variedad de música, desde la música tradicional latinoamericana hasta el pop y el rock. Las maracas modernas vienen en varios tamaños y se hacen de plástico o madera.

Maracas tradicionales hechas de calabazas

MÚSICA Y BAILE *continuación*

Mariachi

Es muy difícil evitar la música de mariachi en México, en especial durante las fiestas o en las plazas. Los conjuntos de mariachi son una parte de la cultura mexicana famosa en todo el mundo. Son muy fáciles de identificar por sus trajes decorados y sus sombreros grandes. Los instrumentos de los músicos pueden variar, pero por lo general incluyen violines, trompetas, una guitarra y un guitarrón (una guitarra grande). Los conjuntos de mariachi tocan en las bodas y otras celebraciones y se puede escuchar esta música en cualquier país fuera de México donde haya una comunidad mexicana grande.

Este conjunto de mariachi contiene un guitarrón.

Salsa

Tal vez pensarás en comida cuando escuches *salsa*, pero también es el nombre de un estilo de baile y música. La salsa es una mezcla de varios estilos de música latinoamericana, la mayoría procedente de Cuba. Hace unos 50 años, cubanos y puertorriqueños llevaron la salsa a Nueva York y ahora es popular en todo el mundo.

Los conjuntos de salsa utilizan muchos instrumentos de percusión, en especial el cencerro, aunque otros instrumentos incluyen la trompeta, el trombón y la guitarra. Al bailarla, las parejas combinan pasos básicos con movimientos de las caderas y vueltas.

Una pareja cubana baila la salsa.

Los chinchineros

Chinchinero es el nombre en Chile de un conjunto musical de una sola persona. Un chinchinero es un niño u hombre que interpreta música en la calle con un tambor colgado de su espalda que toca con palos largos. Una cuerda conecta los címbalos y los pies del chinchinero, al mover los pies, el chinchinero hace sonar los címbalos.

Los chinchineros acompañan su música con un baile de pasos rápidos y giros repetidos.

La tradición del chinchinero empezó en Chile hace unos 50 años, donde hoy se puede observar en las calles y parques por todo el país interpretando su música.

Dos jóvenes chinchineros en Santiago, Chile

La cueca

La cueca es un baile de más de doscientos años de antigüedad que se baila en Chile, Perú, Bolivia y algunas partes de Argentina. Se dice que el baile emula un gallo conquistando una gallina. Las parejas que bailan la cueca ondean pañuelos mientras se dan vueltas uno alrededor del otro.

La música que acompaña este baile también se llama cueca, aunque en algunas regiones de América Latina este estilo de música es conocido como "la chilena".

En Chile, donde la cueca es el baile nacional, lo bailan durante las celebraciones del día de la independencia. El vestuario típico para la cueca es un vestido para las mujeres y un poncho, botas y un sombrero tipo ranchero para los hombres.

Un vaquero chileno y su pareja bailan la cueca.

DEPORTES

Varios deportes se han desarrollado en América Latina. Algunos de estos, como el rodeo y la capoeira son populares en todo el mundo.

Tinku

Durante cientos de años en los Andes de Bolivia, los hombres se encontraban una vez al año para pelear a puño. Este rito se llama tinku, que quiere decir "encuentro" o "ataque" en los idiomas locales. El deporte puede ser peligroso, pero los lugareños dicen que es una manera de aliviar la tensión y así evitan incidentes violentos durante el resto del año. Hoy en día, el rito es representado como una forma de baile en que los bailarines se visten de colores brillantes y se mueven al ritmo bélico de un tambor.

Bailarines tinku en una fiesta boliviana en Chile

La capoeira

La capoeira es un deporte que combina la danza y las artes marciales. La capoeira fue inventada en Brasil hace unos 400 años, probablemente por esclavos africanos. Los esclavos disfrazaron la práctica de artes marciales como baile para que sus amos no la prohibieran. Cuando terminó la esclavitud a finales de los años 1800, la capoeira fue declarada ilegal. Sin embargo, con el tiempo fue aceptada por la sociedad brasileña y llegó a convertirse en el deporte artístico que es hoy en día.

Para practicar la capoeira, uno o dos participantes (llamados *capoeiristas*) se paran dentro de un círculo de personas que cantan, aplauden y tocan instrumentos musicales. Los participantes dentro del círculo hacen movimientos de ataque y defensa que incluyen patadas, vueltas y maromas. Hoy en día, hay instructores y practicantes de este deporte en todo el mundo.

Capoeiristas brasileños demuestran su destreza.

El futsal

Inventado en Uruguay en 1930, el futsal es una variedad de fútbol más económica para los jóvenes. Este deporte se juega en una cancha (bajo techo) en equipos de cinco jugadores cada uno, con un balón más pequeño y son partidos más cortos que los del fútbol. El futsal llegó a Brasil, donde algunos de sus jugadores más famosos empezaron sus carreras. El deporte extendió desde América del Sur hasta Europa, los Estados Unidos y Canadá. Hoy, hay más de dos millones de jugadores de futsal en el mundo.

Un jugador brasileño (camisa amarilla) compite en la copa mundial de futsal FIFA 2008.

La lucha libre

Esta forma de lucha comenzó en México a principios de los años 1900. Además de las técnicas de lucha tradicional, dos luchadores hacen acrobacias asombrosas en el ring. Este deporte también es conocido por las máscaras coloridas que llevan los luchadores. La lucha libre es ahora uno de los deportes más populares de México y también tiene seguidores en los Estados Unidos y Japón.

El rodeo

En los años 1800 d.C., los vaqueros de las provincias norteñas de México (las cuales después llegaron a formar parte del suroeste estadounidense) convirtieron sus actividades cotidianas en el rancho en el evento deportivo que hoy conocemos como el rodeo. Los participantes hacen competencias para ver quién es el más rápido en atar un becerro con lazo y cuerda, o montar un toro por el mayor tiempo posible antes de caerse.

Los rodeos se hicieron populares por toda América del Sur, incluyendo Brasil, que tiene uno de los rodeos anuales más grandes del mundo. México tiene su propia versión del rodeo, llamada charreada. Los rodeos también son populares en los Estados Unidos y Canadá, donde hay varios todos los años.

Una charreada mexicana

AMÉRICA LATINA HOY

Gente de todo el mundo está prestando más atención que nunca a América Latina. Sus industrias están en auge y muchos latinoamericanos—desde escritores hasta atletas y estrellas de pop—han logrado fama mundial.

La Ciudad de México

La catedral de Brasilia en Brasil fue diseñada por Oscar Niemeyer.

Ciudades en auge

Aunque muchos latinoamericanos viven en aldeas rurales, algunas de las ciudades más grandes del mundo se encuentran en América Latina. La Ciudad de México, São Paulo (en Brasil) y Buenos Aires (en Argentina) tienen una población mayor a 10 millones de personas. Algunas ciudades son conocidas por su arquitectura, que puede incluir museos antiguos, catedrales y espectaculares edificios modernos. Eventos culturales como grandes festivales de teatro y música son populares en muchas ciudades latinoamericanas.

Michelle Bachelet

La democracia

La democracia es un sistema político en que la gente vota para escoger a sus líderes locales y nacionales. Muchos países latinoamericanos tienen democracias fuertes en que la gente expresa sus opiniones al votar en las elecciones. Las mujeres juegan un papel activo en la política latinoamericana— por ejemplo, Michelle Bachelet fue presidente de Chile de 2006 a 2010, y Dilma Rousseff llegó a la presidencia de Brasil en el 2011.

La conservación de culturas tradicionales

Muchas culturas tradicionales existen todavía en América Latina. Estas culturas son valoradas como una parte importante de la herencia cultural de América Latina, y varios grupos han luchado para evitar la desaparición de su idioma y sus tradiciones. Evo Morales, presidente de Bolivia, ha apoyado esfuerzos en su país para conservar los idiomas tradicionales. Morales es descendiente del pueblo aymara de Bolivia, Chile y Perú

Los mayas del Centroamérica de hoy son descendientes de los mayas antiguos. La cultura de los mapuche del sur de Chile existía mucho antes del tiempo de los incas. América del Sur es uno de los pocos lugares que existen en el mundo en donde algunas culturas antiguas viven según su tradición sin contacto con el "mundo moderno".

Evo Morales

NATIONS CLIMAT

Muchos turistas disfrutan del alpinismo.

El turismo

No es una sorpresa que a los turistas les encante visitar los países de América Latina—son el hogar de los lugares más fascinantes del mundo. El clima cálido y las playas bonitas de países como Cuba, la República Dominicana, México y Brasil los hacen destinos turísticos muy populares.

Para los turistas que quieren vacaciones de más aventura, hay muchas opciones: excursiones por los antiguos senderos incas en Perú, el esquí o alpinismo en los Andes y la exploración de las junglas de Centroamérica, por nombrar algunas.

Las magníficas cataratas de Iguazú, ubicadas en la frontera entre Argentina y Brasil, son una atracción que los visitantes a la zona no quieren perder.

Las cataratas de Iguazú

La cosecha de caña de azúcar en Cuba

Recursos naturales

Desde hace cientos de años cuando los exploradores europeos empezaron a buscar oro y plata en América Latina, gente de todo el mundo ha seguido buscando recursos naturales valiosos. La minería y otras industrias, como la tala de madera y la agricultura son muy importantes en muchos países latinoamericanos. Estas industrias producen bienes que se venden en todo el mundo.

Chile es el productor de cobre más grande del mundo, mientras que México y Perú son líderes en la producción de plata. Brasil es el exportador más grande del etanol, un combustible hecho con plantas.

Algunas industrias latinoamericanas siguen buscando la manera de evitar dañar el medioambiente.

Las artes

A través de su historia, América Latina ha producido grandes artistas como Diego Rivera (página 21), así como muchos escritores y poetas que han logrado fama mundial. El premio Nobel de literatura es el premio literario más prestigioso del mundo y varios latinoamericanos lo han ganado. Entre los ganadores están Gabriela Mistral (Chile), Miguel Ángel Asturias (Guatemala), Pablo Neruda (Chile), Gabriel García Márquez (Colombia) y Octavio Paz (México).

Los latinoamericanos también han dejado su huella en el mundo de la música *pop*, llevando los ritmos latinos a un público mundial. La cantautora colombiana Shakira ha ganado varios premios por sus canciones. El puertorriqueño Ricky Martín, logró fama mundial cuando lanzó la canción "Livin' la vida loca", escrita con un estilo similar a la salsa. (Ve la página 34 para más información sobre la música y baile de salsa.)

Ricky Martín, estrella de pop

Los deportes

Los latinoamericanos son fanáticos del fútbol, también son muy buenos futbolistas. Muchos jugadores empiezan de niños y algunos avanzan a las ligas profesionales. Equipos de Brasil y Argentina han ganado la Copa Mundial varias veces, y otros países latinoamericanos como Uruguay y México tienen equipos fuertes.

Los atletas latinoamericanos se han destacado en otros deportes, como los jugadores del béisbol de la República Dominicana, Puerto Rico y Venezuela, los jugadores de básquetbol de Brasil y los jugadores de tenis de Argentina.

El *surfing* está ganando popularidad en países como Ecuador, Panamá, Brasil, Perú y Chile. Los surfistas buscan los mejores lugares por la costa para encontrar grandes olas.

Surfista puertorriqueña profesional Idalis "Lilac" Alvarado

UNA BREVE CRONOLOGÍA DE AMÉRICA LATINA

Una máscara olmeca de piedra

Antes de 1492 (Época precolombina)

Varias culturas se desarrollan y prosperan durante miles de años. Los olmecas viven en Centroamérica alrededor de 1,000 a.C. y son seguidos por la civilización maya. Los mayas construyen muchas ciudades grandes entre 250 a.C. y 1,250 d.C. Mientras tanto, millones de personas pertenecientes a diferentes culturas construyen comunidades por toda América Latina, que incluyen los moche de Perú, los aymara de Bolivia y varios grupos en la región amazona. En los años que siguen, alrededor de 1,400 d.C., los aztecas llegan a ser una cultura poderosa. Por la misma época, los incas construyen su imperio en Perú.

Explorador europeo
Cristóbal Colón

1492–1810 (Época colonial)

Los exploradores europeos llegan a América Latina con animales útiles, pero también con enfermedades graves. Los exploradores imponen los idiomas europeos y la religión católica sobre la población local. También esclavizan a muchas personas. Algunas comunidades ponen resistencia, mientras otras cooperan con los europeos. Muchos pueblos y ciudades nuevas se construyen por toda América Latina. La gente empieza a explotar más recursos naturales, en especial el oro, la plata y el cobre.

El canal de Panamá

1810 al presente (Independencia)

Después de una larga lucha, los países latinoamericanos logran su independencia de Europa. Varios gobiernos diferentes gobiernan países individuales, a veces tomando el poder por la fuerza militar. En 1914, el canal de Panamá abre en Centroamérica, lo cual facilita el comercio marítimo internacional. Gobiernos tanto dentro como fuera de América Latina, al igual que otros grupos, pelean por los recursos naturales. Con el tiempo, la mayoría de los países adopta un sistema democrático en que los ciudadanos votan por sus líderes nacionales.

Lecturas adicionales

Baquedano, Elizabeth. *Aztecas, Incas y Mayas* (edición en español). Nueva York: DK Children, 2004.

Escalante Gonzalbo Pablo y Carlos Brockman. *Historias de México*. Volumen I: *México precolombino*, tomo 1: *Los cazadores de la banda del valle* / tomo 2: *Xoi Yuun, un niño olmeca* (Libros Para Niños) (edición en español). Ciudad de México: Fondo de Cultura Económica, 2001.

Santana, Gabriela. *Mitología mexicana (literatura infantil)* (edición en español). Ciudad de México: Selector Publishing House, 2006.

Fuentes

Campos Muñoz, Luis. *Relaciones Interétnicas: En Pueblos Originarios de México y Chile*. Santiago: Universidad Academia de Humanismo Cristiano, 2008.

Crosby, Alfred W. *The Columbian Exchange: Biological and Cultural Consequences of 1492*, 30th anniversary ed. Westport, CT: Praeger Publishers, 2003.

D'Altroy, Terence N. *The Incas*. Oxford, UK: Blackwell Publishing, 2003.

Fernandez-Armesto, Felipe. *The Americas: A Hemispheric History*. New York: Modern Library, 2005.

Morris, Walter F., Jr. *Living Maya*. New York: Harry N. Abrams, 2000.

Reid, Michael. *Forgotten Continent: The Battle for Latin America's Soul*. New Haven and London: Yale University Press, 2009.

Williamson, Edwin. *The Penguin History of Latin America*. London and New York: Penguin Books, 2009.

Winn, Peter. *Americas: The Changing Face of Latin America and the Caribbean*. Berkeley, Los Angeles, and London: University of California Press, 2006.

Imágenes

Índice

EVA SALINAS nació en Sault Ste. Marie, Ontario, Canadá. Después, se mudó a Toronto, Ontario, donde recibió un título en periodismo de la universidad Ryerson.

Eva vivió brevemente en Londres, Inglaterra, donde trabajó en el proyecto de medios de comunicación de la prisión Wandsworth, el cual capacitaba a los reos a producir transmisiones de radio. Después, vivió en Vancouver, Colombia británica, donde trabajó como periodista para *The Globe and Mail*, y también en Accra, Ghana, como instructora para la organización Periodistas para los derechos humanos.

Al regresar a Toronto, Eva trabajó para *The National Post*, *This Magazine* y Athletes for Africa (Atletas para África), el cual apoya a la juventud africana afectada por la guerra. Posteriormente, hizo realidad el sueño que tenía toda su vida de explorar sus raíces latinoamericanas y partió para América del Sur. Basada en Santiago de Chile, Eva trabajó como editora para *The Santiago Times*, donde cubrió la elección presidencial de Sebastián Piñera en 2010, un terremoto de magnitud 8.8 y el rescate de 33 mineros en el desierto de Atacama, entre otros acontecimientos.

Basada actualmente en Toronto, Eva siente todavía su pasión para América Latina, los derechos humanos, los artes y la cultura.